POURQ

SE CACHE-T-IL :

L'histoire d'Élie est tirée du premier livre des Rois, chapitres 18 et 19.

Élie a peur et il s'enfuit avec son serviteur pour sauver sa vie. Il arrive à Berchéba, dans le royaume de Juda. Il laisse son serviteur à cet endroit, puis il marche pendant une journée dans le désert. Il s'assoit sous un petit arbre. Il a envie de mourir et il dit : « Maintenant, Seigneur, c'est trop ! Prends ma vie ! Je ne suis pas meilleur que mes ancêtres. » Ensuite, il se couche sous le petit arbre et il s'endort. Mais un ange vient le toucher et lui dit : « Lève-toi et mange ! »

Arrivé au mont Horeb, Élie entre dans une grotte et il passe la nuit à cet endroit. Le Seigneur lui adresse sa parole : « Pourquoi es-tu ici, Élie ? » Il répond : « Seigneur, Dieu de l'univers, j'ai pour toi un amour brûlant. Mais les Israélites ont abandonné ton alliance, ils ont détruit tes autels, ils ont tué tes prophètes. Moi seul, je suis resté, et ils veulent prendre ma vie. » Le Seigneur lui dit : « Sors d'ici ! Va dans la montagne attendre ma présence. Moi, le Seigneur, je vais passer. »

Tout d'abord, avant l'arrivée du Seigneur, un vent violent se met à souffler. Il fend la montagne et casse les rochers. Mais le Seigneur n'est pas dans le vent. Après le vent, il y a un tremblement de terre. Mais le Seigneur n'est pas dans le tremblement de terre. Après le tremblement de terre, il y a un feu. Mais le Seigneur n'est pas dans le feu. Après le feu, il y a le bruit d'un souffle léger. Quand Élie l'entend, il se cache le visage avec son vêtement. Il sort et il se tient à l'entrée de la grotte. Alors il entend une voix. Elle dit : « Qu'est-ce que tu fais ici, Élie ? »

1 Rois 19.3-5, 9-13, *Parole de Vie*

Pourquoi Élie se cache-t-il ?

Édition originale publiée au Danemark sous le titre *Wonder Books*,
par Scandinavia Publishing House, Copenhague, Danemark.

B.P. 47 – 95400 Villiers-le-Bel, France
www.biblio.eu

Produit par Scandinavia Publishing House
Drejervej 15, 3rd Fl. – 2400 Copenhague NV, Danemark

Imprimé à Singapour
ISBN 13 : 978-2-8530-0365-0

Pourquoi Élie se cache-t-il ?

Illustrations : Elaine Garvin
Texte : Pauline Youd

Bibli'O

Élie court,
il court sans jamais s'arrêter.
Il cherche un endroit
pour se cacher.
Jézabel, la méchante reine,
veut le tuer.

Enfin, Élie découvre une grotte
où la reine Jézabel ne pourra pas le trouver.
Il est épuisé et il a faim. Élie est complètement découragé.
Il pense que Dieu ne l'aime plus.

Mais Élie est le prophète de Dieu, et Dieu l'aime vraiment. Dieu dit à Élie : « Lève-toi et mets-toi à l'entrée de la grotte. Je passerai. » Élie voit une grande tempête, mais Dieu n'est pas dans la tempête.

Ensuite, Élie sent la terre trembler
sous ses pieds, mais Dieu n'est pas là.

Puis, Élie voit un grand feu,
mais Dieu n'est pas là
non plus.

Enfin, Élie entend une voix
lui parler tout doucement.
Il tend l'oreille.

Dieu lui dit :
« Élie,
pourquoi te caches-tu dans une grotte ? »
Élie se met à pleurer :
« La reine Jézabel veut me tuer ! »
Puis il gémit et se plaint à Dieu :
« Je suis ton prophète
mais j'ai l'impression
que tu m'as oublié.
Pourtant, je suis le seul
qui ne t'a pas abandonné ! »

Dieu lui répond :
« Tu n'es pas le seul.
7 000 autres Israélites me sont restés fidèles,
mais tu ne les connais pas.
Maintenant, j'ai une tâche très importante à te confier,
et ce n'est pas la reine Jézabel
qui pourra t'empêcher de l'accomplir. »

Élie croit Dieu et fait ce qu'il lui demande.
Il n'a plus besoin de se cacher.

Est-ce qu'il y a des moments où tu fais silence pour écouter ce que Dieu veut te dire ?
Cela peut être au moment de te coucher, quand tu pries, à l'église, où quand tu es avec quelqu'un que tu aimes.
Dieu peut te parler n'importe quand en te donnant de bonnes idées ou en te faisant penser à quelque chose.
Le plus souvent, il te parle quand tu l'attends tranquillement, comme le fait Élie dans l'histoire.
Essaie de trouver chaque jour un moment pour te mettre à l'écoute de Dieu.

MY BOOK OF PRAYERS

« Pourquoi es-tu ici, Élie ? »

1 Rois 19.9

COLLECTION *DIS, POURQUOI ?*

Des thèmes de la vie de tous les jours
vus au travers de 12 personnages de la Bible

Demander conseil

Compter sur les promesses de Dieu

Prier pour obtenir la sagesse

Faire confiance à Dieu

Louer Dieu

Écouter Dieu

Aller au bout des choses

Persévérer

Prier pour vaincre la peur

Chacun compte pour Dieu

Donner tout ce qu'on a

Obéir, c'est aimer